BEI GRIN MACHT SICH IHR WISSEN BEZAHLT

AF145428

- Wir veröffentlichen Ihre Hausarbeit,
  Bachelor- und Masterarbeit

- Ihr eigenes eBook und Buch -
  weltweit in allen wichtigen Shops

- Verdienen Sie an jedem Verkauf

Jetzt bei www.GRIN.com hochladen und kostenlos publizieren

Bibliografische Information der Deutschen Nationalbibliothek:

Die Deutsche Bibliothek verzeichnet diese Publikation in der Deutschen National-bibliografie; detaillierte bibliografische Daten sind im Internet über http://dnb.d-nb.de/ abrufbar.

Dieses Werk sowie alle darin enthaltenen einzelnen Beiträge und Abbildungen sind urheberrechtlich geschützt. Jede Verwertung, die nicht ausdrücklich vom Urheberrechtsschutz zugelassen ist, bedarf der vorherigen Zustimmung des Verlages. Das gilt insbesondere für Vervielfältigungen, Bearbeitungen, Übersetzungen, Mikroverfilmungen, Auswertungen durch Datenbanken und für die Einspeicherung und Verarbeitung in elektronische Systeme. Alle Rechte, auch die des auszugsweisen Nachdrucks, der fotomechanischen Wiedergabe (einschließlich Mikrokopie) sowie der Auswertung durch Datenbanken oder ähnliche Einrichtungen, vorbehalten.

Impressum:

Copyright © 2016 GRIN Verlag
Druck und Bindung: Books on Demand GmbH, Norderstedt Germany
ISBN: 9783668950856

Dieses Buch bei GRIN:

https://www.grin.com/document/470617

Martina Milosic

Die politische Situation Kroatiens bei der Auflösung des Vielvölkerstaates Jugoslawien

GRIN Verlag

GRIN - Your knowledge has value

Der GRIN Verlag publiziert seit 1998 wissenschaftliche Arbeiten von Studenten, Hochschullehrern und anderen Akademikern als eBook und gedrucktes Buch. Die Verlagswebsite www.grin.com ist die ideale Plattform zur Veröffentlichung von Hausarbeiten, Abschlussarbeiten, wissenschaftlichen Aufsätzen, Dissertationen und Fachbüchern.

Besuchen Sie uns im Internet:

http://www.grin.com/

http://www.facebook.com/grincom

http://www.twitter.com/grin_com

Vorwissenschaftliche Arbeit

Titel der vorwissenschaftlichen Arbeit:

Die politische Situation Kroatiens bei der Auflösung des Vielvölkerstaates Jugoslawien

Verfasserin

Martina Milosic

Wien, im Februar 2016

Abstract

Meine vorwissenschaftliche Arbeit befasst sich mit dem Thema „Die politische Situation Kroatiens bei der Auflösung des Vielvölkerstaates Jugoslawien". Dieses Thema soll Lesern Klarheit über das heiß diskutierte Thema des Jugoslawienkrieges im Zeitraum 1989-95 bringen und über die hart erkämpfte Souveränität Kroatiens informieren. Ich habe mich in dieser Arbeit mit Kroatiens schwierigem Weg in die Unabhängigkeit und dem darauffolgenden Krieg und dessen Folgen befasst. Fragen, weshalb Jugoslawien zerfallen ist, wieso sich Kroatien aus dem Vielvölkerstaat loslösen wollte und weshalb es in Kroatien zum blutigen Krieg kam und in Slowenien nicht, haben mich mein ganzes Leben beschäftigt und aus diesem Grund beantworte ich diese in meiner Arbeit. Außerdem beinhaltet diese Arbeit auch den kroatisch-bosnischen Krieg und die militärischen Operationen, welche zur Rückgewinnung von Gebieten durchgeführt wurden.

Für diese Arbeit wurde ausschließlich die literarische Methode verwendet. Dadurch wurde auch immer richtig und angeführt zitiert.

Inhaltsverzeichnis

Vorwort

Nachdem ich selbst kroatischen Migrationshintergrund besitze und meine gesamte Familie im Jugoslawienkrieg und dessen Folgen wie Flucht involviert war, hat mich dieses Thema mein ganzes Leben lang interessiert und verfolgt. Aus diesem Grund habe ich mich für dieses Thema entschieden. Außerdem bin ich der Meinung, dass man über die Geschichte seines Herkunftslandes und die Lebensverhältnisse seiner Eltern und Vorfahren informiert sein sollte. Darüber hinaus bin ich mit diesem Thema aufgewachsen und ich habe in meinen jungen Jahren nicht viel davon mitbekommen beziehungsweise nur erzählt bekommen, da diese Geschichten nicht für Kinderohren geeignet waren. Deswegen war der Drang davon zu erfahren umso größer und somit entschied ich mich mit meinem Vorwissen diese vorwissenschaftliche Arbeit zu schreiben.

Abschließend möchte ich mich bei meiner Familie und besonders bei meinen Eltern bedanken. Meinem Vater danke ich für seine Bereitschaft und seine Geschichten vom Jugoslawienkrieg, die mich zum Verfassen dieser Arbeit angeregt haben. Ich danke meiner Mutter, sowie meiner Schwester für ihre Motivation während des Schreibens meiner vorwissenschaftlichen Arbeit und ihren persönlichen Erfahrungen, von denen sie mich Teil gelassen haben.

Ein ganz besonderes Dankeschön geht an meinem VWA Betreuer welcher trotz seiner gesundheitlichen Probleme immer ein offenes Ohr hatte und mich tatkräftig unterstützt hat.

Wien, am 11.1.2016   Martina Milosic

1 Einleitung

Nach dem 1. Weltkrieg 1918 und somit dem Zerfall Österreichs-Ungarn, wurde das König-reich der Serben, Kroaten und Slowenen geschaffen, kurz SHS Staat genannt, und war unter der Herrschaft von der Familie Karadjordjevic bekannt. Auch unter ihrer Herrschaft hatte das Land mit vielen Problemen (Großserbische Ziele,..) zu kämpfen. 1929 wurde der Staat in Jugoslawien umbenannt.

Im Jahr 1945 nach dem 2. Weltkrieg kam Tito an die Macht und war bei den meisten Men-schen beliebt und eine Ikone, deshalb traf es die Bevölkerung stark, als er im Jahre 1980 starb. Zu Recht, denn nach Titos Tod suchte man vergeblich nach einem neuen Präsidenten. Es fehlte ein neuer Herrscher, der alles unter Kontrolle hielt und somit war das Chaos schon vorprogrammiert.

2 Steigender Nationalismus in Jugoslawien und der Aufstieg Milosevics

Nach Titos Tod verschärfte sich die Lage in Jugoslawien und der Nationalismus stieg drastisch an. Die Ersten, die ihren Nationalismus zum Vorschein brachten, waren die Kosovo-Albaner. Die Folge waren Aufstände in Pristina im April 1981 zwischen im Kosovo lebenden Serben und Albanern, welche sich in der Folge verheerend auswirkten. Von den Albanern wurde die Loslösung von Serbien und die Errichtung eines eigenständigen Staates gefordert. Dieser Nationalismus wäre unter Titos Herrschaft hart unterdrückt worden.

Auch das im Jahr 1986 veröffentlichte Memorandum der Serben verbesserte die Lage im Kosovo nicht. In diesem Dokument stand, „daß die Situation der Serben im Kosovo und in Kroatien sogar noch schlimmer sei als im von Tito geknebelten Mutterland."[1] Außerdem wurden alte Wunden nützlich gemacht und so ließ man den NDH-Staat (kroatisch Nezavisna Drzava Hrvatska), und die Ustasche wieder auftauchen, die während des 2.Weltkrieges an Hitlers Seite kämpften und tausende Menschen umbrachten. Der NDH-Staat war während des 2. Weltkrieges ein unabhängiger kroatischer Staat, welcher vom Diktator Ante Pavelic geführt wurde. Somit bestand das Memorandum hauptsächlich aus national-orientierten Wünschen und Beschwerden, welche von den Mitgliedern der serbischen Akademie der Wissenschaften und Künste verfasst wurden. Außerdem wurde der Traum ein Großserbien zu schaffen erwähnt.

Aus diesen Gründen wurde die Veröffentlichung des Memorandums zur Geburtsstunde des serbischen Nationalismus. Der Rest Jugoslawiens zeigte sich geschockt, auch der Präsident Serbiens, Ivan Stambolic, kritisierte das Memorandum, da es gegen die Brüderlichkeit und Einigkeit verstieß. Sein Kollege Slobodan Milosevic gab jedoch keine Aussage zu dem Memorandum ab. Diese Spannungen zwischen Serbien und dem Rest Jugoslawiens sowie die

---

[1] Silber, Laura/Little, Allan 1995: Bruderkrieg. Der Kampf um Titos Erbe, 2. Auflage, Graz; Wien; Köln : Verl. Styria, S.17

gegensätzlichen politischen Ziele von Milosevic und Stambolic sollten zum ausschlaggebenden Punkt werden, weshalb Milosevic später an die Macht gekommen ist und Jugoslawien auseinanderbrach.

Slobodan Milosevic war schon in seinen frühen Jahren an der Politik interessiert und traf 1968 den zukünftigen Präsidenten Serbiens Ivan Stambolic, der ihm letztendlich später zum politischen Erfolg verhalf. 1986 wurde Slobodan Milosevic Parteichef und Ivan Stambolic wurde Präsident Serbiens. Während Stambolic alles für die Erhaltung von Jugoslawien tat, nutzte Milosevic später den Nationalismus der Serben, um den amtierenden Präsidenten aus dem Weg zu räumen und selbst zu regieren.

Am Freitag dem 24.April 1987 besuchte Milosevic den Kosovo, um die Unruhen zwischen den Kosovo-Serben und Kosovo-Albanern zu schlichten. Dort kam es zu heftigen Demonstrationen und Milosevic „sprach den vielleicht wichtigsten Satz seiner Laufbahn. ‚Niemand soll es wagen, euch zu schlagen' , rief er in die Menge."[2] Die Kosovo-Serben waren euphorisch und bejubelten ihn. Außerdem war es für Milosevic von Vorteil, dass zwei seiner besten Freunde das serbische Fernsehen leiteten und die Ereignisse des Tages, am Abend in den serbischen Nachrichten ausgestrahlt haben. Durch diese Propaganda war die serbische Ikone Milosevic geschaffen.

Auch im Staatspräsidium, dem wichtigsten Organ Jugoslawiens, wollte Milosevic die Macht ergreifen und die Mehrheit der Stimmen besitzen. Dies konnte er nur erreichen, indem er die bisherigen Politiker in den autonomen Provinzen Vojvodina und Kosovo zum Rücktritt zwingt und seine Kollegen in die wichtigen politischen Positionen bringt. Diese zwei Provinzen bekamen 1974 ihre Autonomie von Josip Broz (Tito), mit denen sie im Präsidium gegen Serbien stimmen konnten.

---

[2] Silber, Laura/Little, Allan 1995: Bruderkrieg. Der Kampf um Titos Erbe,
2. Auflage, Graz; Wien; Köln : Verl. Styria, S. 25

8

Milosevic begann mit der Sicherung der Stimmen im Präsidium in der Vojvodina, wo es immer wieder zu organisierten Demonstrationen kam. Im Oktober 1988 rief Milovan So-gorov, der Vorsitzende der Vojvodina im Präsidium, Milosevic aus dem Parteigebäude an und beklagte sich über den enormen Aufstand an dem über 10.000 Serben teilnahmen. Mi-losevic erwiderte es sei nur möglich ihnen zu helfen, wenn sie zurücktreten.

Deshalb „kam es, nach tagelanger Blockade des Regierungsgebäudes in Novi Sad [...] zum Rücktritt der Parteiführer der Provinzregierung."[3] Dieses siegreiche Ereignis für Milosevic und Serbien bezeichnete man als Joghurtrevolution, da die Demonstranten mit Joghurtbe-chern das Regierungsgebäude verunstalteten.

Einige Tage später sicherte sich Milosevic mit Leichtigkeit auch in Montenegro die Stimme im Präsidium, da die Montenegriner von der Kultur und Tradition am ähnlichsten mit den Serben sind, konnten sie sich auch einen Zusammenschluss an Serbien gut vorstellen. Au-ßerdem stammten Milosevics Eltern selbst aus Montenegro, welches ihm bei der Bevölke-rung Sympathien brachte.

Zum Schluss war der Kosovo dran, welche nicht tatenlos zusehen würde wie die Provinz, die mit 90 % aus Kosovo-Albanern besteht, an Serbien fiel.

Im November 1988 wurden einige Parteimitglieder zum Rücktritt gezwungen, was zur Folge hat, dass Bergarbeiter sowie Studenten in Pristina fünf Tage lang gegen den Rücktritt de-monstrieren. Diese Demonstration sollte zu den letzten friedlichen in Jugoslawien zählen.

Im Jänner 1989 setzte Milosevic seine Leute in den Parteivorsitz ein, änderte die Verfassung und zwei Monate darauf „stimmten die Abgeordneten [...] in Pristina, denen am Vorabend der Abstimmung die Polizei einen Besuch abgestattet hatte, verängstigt und gefügig der Ver-fassungsänderung zu"[4] . Aufgrund dessen hat der Kosovo die Autonomie endgültig verloren.

Somit kontrollierte Milosevic Anfang 1989 fast halb Jugoslawien und er sicherte sich drei von den acht Stimmen im Staatspräsidium. Dies war der Anfang seiner Machtpolitik.

---

[3] Monnesland, Svein 1997: Land ohne Wiederkehr. Ex-Jugoslawien: Die Wurzeln des Krieges, übersetzt v. Franz Marenits/Darko Cuden/Gabriela Brass-Reiter/Andreas P: Pittler, Klagenfurt, Celovec: Wieser Verlag, 321

[4] Ramet, Sabrina P. 2011: Die drei Jugoslawien. Eine Geschichte der Staatsbildung und ihrer Probleme, erw. u. korr. Aufl., übersetzt von Isabel Ströhle/Georg Seiderer/Konrad Clewing, München: R. Oldenbourg Ver-lag., 473

3 Wahlen in Kroatien und die Folgen

Nach dem Tod Titos sah Kroatien untätig und stumm dem Aufstieg Milosevics zu. Die zweit-größte Republik, Kroatien prägten noch immer die Erlebnisse der Vergangenheit, denn 1971 wurde die nationalistische Massenbewegung MASPOK (kroatisch Masovni Pokret) von Tito verboten. Auch die Matica Hrvatska wurde untersagt, nachdem sie sich zu einer Organisation für politische Meinungen entwickelte. Jeder, der nur im entferntestem mit diesen etwas zu tun hatte, wurde von der Geheimpolizei verhört und verhaftet. Deshalb flohen viele Mitglie-der dieser Organisationen ins Ausland und kamen zu den Wahlen im Jahr 1990 wieder.

Im April 1990 gewann die Partei HDZ (=Kroatische Demokratische Union) unter Franjo Tu-djman die Wahlen. Milosevics Machtpolitik in ganz Jugoslawien half Tudjman bei der Pro-paganda in Kroatien. Das Versprechen Tudjmans einen eigenständigen Staat für Kroaten und Kroatinnen zu verwirklichen, war ein weiterer Grund, weshalb die Bevölkerung ihn wählte.

Franjo Tudjman nutzte auch die katholische Kirche, welche während Titos Kommunismus verboten wurde, um mehr Stimmen zu erlangen. Außerdem war er immer an der Unabhän-gigkeit Kroatiens interessiert. Des Weiteren war Tudjman Anhänger der

MASPOK und ließ nie aus, dass er zweimal aus diesem Grund im Gefängnis war.

Die Ergebnisse der Wahl führten einige Tage später im Maksimir Stadion zu Ausschreitun-gen zwischen Fans von „Dinamo Zagreb" und Belgrads „Crvena Zvezda", wo Anhänger der serbischen Fußballmannschaft auf die kroatische Polizei und Zuschauer losgingen.

Am 16. Mai 1990 wurden Kroatien und Slowenien unter dem Befehl vom jugoslawischen Verteidigungsminister Kadijevic von der Jugoslawischen Volksarmee entwaffnet. "Sie recht-fertigte diese Entscheidung, indem sie die politischen Veränderungen in Slowenien und Kro-atien als ‚konterrevolutionär' bezeichnete." [5]

---

[5] Ramet, Sabrina P. 2011: Die drei Jugoslawien. Eine Geschichte der Staatsbildung und ihrer Probleme, erw. u. korr. Aufl., übersetzt von Isabel Ströhle/Georg Seiderer/Konrad Clewing, München: R. Oldenbourg Ver-lag., S.495,496

3.1 Aufstände in Knin

Zwei Wochen später wurde Tudjman zum Präsidenten Kroatiens ernannt. Tudjman wurde von der kroatischen Bevölkerung bewundert, jedoch stieß er in der Krajina mit seiner nationalistischen Politik auf Ablehnung und Hass. Da die Krajina eine geschaffene Militärgrenze zwischen dem ehemaligen Österreich-Ungarn und dem Osmanischen Reich war, lebten viele vertriebene Serben dort und diese wollten die neu gewählte, kroatische Regierung nicht anerkennen. Die dortige Polizei weigerte sich Tudjmans Befehle anzunehmen und dieselbe Uniform wie die kroatische Polizei zu tragen, da diese sie an die kroatischen Faschisten erinnerte. Auch das innige Verhältnis Tudjmans mit der Fahne Kroatiens und der Sahovnica (Schachbrettmuster; im kroatischem Wappen enthalten) war in der Krajina, vor allem in Knin, nicht gerne gesehen. Der Bürgermeister Knins unterstützte seine regionale Polizei und ließ sich die Chance nicht entgehen, die Bevölkerung auf die Ermordungen im 2. Weltkrieg hinzuweisen, um Angst und Hass gegenüber den Kroaten zu verbreiten. Zusätzlich schrieb Milan Martic, der Polizeiinspektor Knins, einen Brief an Belgrad, um sie auf die Zustände in Knin aufmerksam zu machen. Um Frieden im Unruhegebiet Knin zu schaffen, schickte Tudjman dem Vizepolizeiminister Perica Juric, dem Polizeichef von Sibenik Ante Bujas und dem Innenminister Josip Boljkovac auf eine Versammlung. Schon die feindselige Atmosphäre beim Empfang der Gäste zeigt, dass diese Versammlung nicht gut enden würde. Während des Gespräches zwischen der örtlichen Polizei und Perica Juric, befahl der Bürgermeister Knins Milan Babic, dass sich so viele wie möglich vor der Polizeistation versammeln sollen. Dies führte zu einer riesigen und unruhigen Masse vor dem Gebäude. Perica Juric und die regionale Polizei konnten sich nicht einigen und schlussendlich meinte der Polizeiinspektor Knins Milan Martic, dass sie sich nichts von Zagreb sagen lassen würden und, dass die serbische Bevölkerung hinter ihnen stehen würde. In der Tat war die Stimmung vor der Polizeistation kriegerisch. Die drei kroatischen Männer hatten Lebensangst und waren von der Hilfe Martics abhängig. Peric sagte „Laßt uns ihnen alles versprechen [...] solange wir nur lebend hier herauskommen."[6] Somit war das der Sieg Babics und Martics und das Ende der Leitung aus Zagreb beziehungsweise Kroatien in Knin.

3.2 „Baumstammrevolution"

Der nächste Schritt war es, andere Städte mit überwiegend serbischer Bevölkerung dazu zu bringen Babic und seine Pläne zu unterstützen. Dies gelang ihm in einigen Regionen, jedoch waren viele von ihnen nicht an seinen geplanten Aufständen interessiert und suchten Gespräche mit Zagreb. In diesen Regionen setzte der Bürgermeister Knins Gewalt ein. Sein Ziel war es, dass die Gebiete in denen Serben lebten von Kroatien getrennt werden und an Serbien angeschlossen werden. Im August 1990 kam es in Knin zu bewaffneten Aufständen, die von der Jugoslawischen Volksarmee unterstützt wurden. Das Staatspräsidium war oberster Befehlsgeber der Jugoslawischen Volksarmee und in diesem Jahr hatte Serbien den Vorsitz unter Borisav Jovic. Ein Versuch der kroatischen Polizei die Aufstände zu stoppen war erfolglos. Die Folge waren Blockaden von wichtigen Autostrecken zur Adriaküste, welche negative Folgen für Kroatiens Tourismus beziehungsweise Wirtschaft brachten. Außerdem kam es zu Vertreibungen von kroatischen beziehungsweise nicht serbischen Einheimischen.

4 Bewaffnung Kroatiens für den Krieg und die Folgen

Die Folgen der Territorialentwaffnung in Kroatien waren verheerend, denn die einzige Verteidigung, die Kroatien danach besaß war die Polizei, die im Laufe der Zeit zur Nationalgarde ausgebildet wurde. Der Kauf der Waffen wurde von Martin Spegelj angeordnet und dieser wurde währenddessen von der KOS, Spionage Abwehrdienst der JVA, überwacht. Serbien blieb der illegale Waffenkauf nicht unbemerkt.

---

[6] Silber, Laura/Little, Allan 1995: Bruderkrieg. Der Kampf um Titos Erbe,
2. Auflage, Graz; Wien; Köln : Verl. Styria, S.108

Am 9. Jänner 1991 fand ein Treffen im Bundespräsidium statt bei dem der Vorsitzende des Präsidiums Jovic vorschlug die gekauften Waffen sofort zu entnehmen. Jedoch bekam Borisav Jovic nicht genügend Stimmen, um dies zu ermöglichen. Ein anderer Vorschlag war, dass die paramilitärischen Gruppen binnen zehn Tagen ihre Waffen abzugeben hätten.

Nachdem 12 Tage lang keine Waffen abgegeben wurden, telefonierten Mesic, der Vorsitzende Kroatiens im Staatspräsidium und Jovic heftig miteinander. „Jovic erwiderte Mesic: ‚Ihr habt den Krieg gewählt.'"[7]. Während Kadijevic dachte seine Aufgabe sei es Jugoslawien zusammen zu halten und zu beschützen, nutzte Milosevic dies aus, um die Armee in die serbischen Gebiete in Kroatien zu entsenden. Die Gebiete in der serbischen Krajina bekamen Waffen, sowie Soldaten der JVA. Unter der Manipulation Milosevics entwickelte sich die JVA langsam zu einer Armee, welche auf der Grundlage und der Vorstellung eines Großserbiens dienen würde. Somit war klar, dass Kroatien aus Jugoslawien nicht kampflos austreten konnte.

Im März 1991 kam es in Belgrad zu friedlichen Demonstrationen für mehr Pressefreiheit in Serbien. Diese konnte man zeitgleich im Fernsehen verfolgen. Milosevic ergriff die Gelegenheit, um Unruhen zu stiften. Die Polizei bekam den Befehl von Milosevic die 40000 Demonstranten mit Tränengaspatronen zu bewerfen. Die einst friedliche Demonstration entwickelte sich zu einem riesigen Chaos. Borislav Jovic bekam von seinen Präsidiumskollegen die fünf erforderlichen Stimmen, um die Armee in Belgrad einzusetzen. In Belgrads Straßen waren Panzer, Verletze und Tote zu sehen. Diese Ereignisse schockierten die Nation, denn sie zeigten, dass Milosevic bereit war, die Armee auch gegen seine eigenen Leute zu benutzen. Dies war ein gezieltes Manöver Serbiens um die Nachbarländer Slowenien und Kroatien abzuschrecken und ihnen die Mach zu zeigen, welche Serbien über die JVA hatte.

Die Ereignisse in den letzten Monaten führten zu einer Sitzung im Staatspräsidium. Diese sollte dazu genutzt werden, um den Ausnahmezustand in gesamt Jugoslawien zu erklären und die kroatische Polizei zu entwaffnen. Kadijevic und Jovic fehlte die letzte entscheidende

---

[7] Silber, Laura/Little, Allan 1995: Bruderkrieg. Der Kampf um Titos Erbe, 2. Auflage, Graz; Wien; Köln : Verl. Styria, 124

Stimme für diesen Auftrag und Serbien akzeptierte die Entscheidung des Präsidiums nicht. Auch Jovics Kollegen, die Vertreter der Vojvodina und Montenegro, schlossen sich Serbien an. Außerdem gelang es Serbien den Vorsitzenden Kosovos Sapunxhiu mit einem Vertrauten einzutauschen. Dadurch war das wichtigste Organ das Staatspräsidium fast aufgelöst beziehungsweise in Serbiens Hände gefallen. Somit konnte der höchste General der JVA selbst den Befehl erlassen Kroatien zu entwaffnen, ohne Rücksicht auf die anderen Republiken zu nehmen. Milosevic und Jovic waren euphorisch die Polizei in Kroatien mit Gewalt zu entwaffnen, jedoch befürchteten sie eine Intervention aus den westlichen Ländern Europas. Diese Befürchtungen waren umsonst, denn der Westen würde nicht einschreiten nach Angaben von Admiral Branko Mamula, welcher ein geheimes Treffen mit der russischen Regierung hatte. Der Krieg stand vor der Tür.

4.1 Zusammentreffen Milosevic und Tudjman

Im März 1991 kam es zu einem geheimen Zusammentreffen zwischen Tudjman und Milosevic im serbischen Karadjordjevo. In diesem sprachen die beiden Präsidenten über die Vermeidung eines Krieges und über eine Aufteilung Bosniens Herzegowinas. Jedoch war dieses Treffen irrelevant, denn einige Tage später kam es zu den ersten Toten im Konflikt zwischen Serben und Kroaten im kroatischen Nationalpark von Plitvice.

4.2 Erste Intervention der JVA in Kroatien

Im slawonischen Pakrac kam es im April 1991 zum ersten Einschreiten der JVA in Kroatien. Die Krajina Serben Milan Martic und Milan Babic aus Knin befahlen den örtlichen Serben die Stadt unter ihre Kontrolle, zu bekommen und die Kroaten, zu vertreiben. Jedoch reagierte die kroatische Regierung sofort und konnte die Rebellen vertreiben. Obwohl es zu keinen Verletzten und Toten kam und die Serben den Kroaten freien Einlass gewährten, sprach man aus serbischer Sicht von Tausenden Vertriebenen und einigen Toten. Einen Abend später setzte der Verteidigungsminister Kadijevic die JVA zum ersten Mal in Kroatien ein und Panzer versuchten die Kroaten aus Pakrac zu vertreiben. Dieser wohlbekannte Plan Serbiens war mit dem in Knin vergleichbar. Der einzige Unterschied war, dass die kroatische Verteidigung und die JVA zusammen in der Stadt blieben. Dies stellte sich als eine weitere Schwierigkeit dar, denn die JVA formierte sich später in eine Armee, welche ein Großserbien schaffen sollte.

Die nächste Stadt, die Babic sich als Ziel festlegte, war Titova Korenica. Die Bevölkerung dieser Stadt, die in der Nähe vom Nationalpark Plitvice liegt, wollten die radikalen Bewegungen Babics und die in Knin gegründete Partei die Serbische Demokratische Partei nicht unterstützen. Deshalb plante Babic eine Reihe von heftigen Demonstrationen, um die Vertreter der Sozialdemokratischen Partei einzuschüchtern, aus den Ämtern zu jagen und seinen Leute einzusetzen. Dadurch hatten Babic und Milosevic eine weitere Stadt mit Gewalt an sich reißen können.

4.3 Ausschreitungen im Nationalpark Plitvice

Einen ähnlichen Plan hatten sie auch in Plitvice, einem der wichtigsten Tourismusorte, wo serbische Rebellen Anfang April 1991 gegen die kroatische Polizeistation demonstrierten. Der Polizeichef Knins Milan Martic sendete eine Gruppe Paramilitärs nach Plitvice, um die dortigen Polizisten zu vertreiben, welches ihnen auch gelang. Tudjman antwortete schnell auf diese Aktion der serbischen Rebellen und schickte Spezialeinheiten in das Gebiet. Jedoch waren die Serben besser als in Pakrac vorbereitet. Sie und die Kroaten leisteten sich eine Schießerei mit jeweils einem Toten auf jeder Seite. Auch dieses Mal schritt die JVA ein und blieb in Plitvice stationiert.

4.4 Blutvergießen in Borovo Selo

Am Abend des 1. Mai, dem Tag der Arbeit, versuchten vier Kroaten aus Osijek im Zentrum von Borovo Selo die Jugoslawische Flagge mit der kroatischen auszutauschen. Bei dem Versuch wurden zwei von ihnen von Serben, die aus Belgrad bewaffnet wurden, verwundet und gefangen genommen. Am darauffolgenden Tag konnten die anderen zwei die Ereignisse vom Vorabend den Polizisten in Osijek schildern. Am selben Tag machten sich einige Polizisten auf dem Weg nach Borovo Selo, um die gefangenen Kroaten zu befreien. Die Serben begannen die Schießerei und töten zwölf Kroaten und es kam zu mehr als 20 Verletzten. Ganz Kroatien war erschüttert. Jedoch zeigte sich das Nachbarland Serbien stolz und ein radikaler Nationalist Vojislav Seselj prahlte mit diesen Tötungen, da es seine Tschetnik-Gruppen waren die die kroatischen Polizisten ermordeten. Auch in Borovo Selo wurde die Armee eingesetzt und beauftragt Straßensperren aufzustellen, um den Weg für die kroatische Polizei zu sperren.

Anfang Mai 1991 wurde im Präsidium entschieden, dass die JVA bei Konflikten zwischen Serben und Kroaten eingreifen darf. Dies war ein Vorteil für die Serben, denn dies erlaubte ihnen offiziell die Armee einzusetzen. Mit der Armee in Serbiens Hand und in kroatischen Gebieten stationiert, war Milosevic dem Ziel Großserbien zu schaffen noch einen Schritt nähergekommen. Jedoch waren die meisten Soldaten in der JVA ahnungslos und dachten immer noch ihre Aufgabe sei es Jugoslawien aufrechtzuerhalten.

5 Unabhängigkeitserklärung Kroatiens und die Konsequenzen

Am 19. Mai 1991 fand in Kroatien ein Referendum über die Unabhängigkeit statt bei dem sich 94 % der Wähler für die Unabhängigkeit aussprachen. Jedoch wurden in der Krajina keine Wahlen abgehalten, da die Wahllokale von Serben nicht zugelassen wurden. Am 25.

Juni 1991 erklärte sich Kroatien gemeinsam mit Slowenien als unabhängig. Jedoch hatte Milosevic kein Interesse an einem Krieg mit Slowenien und somit wurde Kroatien zur Zielscheibe.

5.1 EG schreitet zum 1. Mal ein

Die Versuche der Europäischen Gemeinschaft den Krieg zu vermeiden waren erfolglos. Slowenien war mit dem 3-Punkte-Friedensabkommen von den Außenministern unzufrieden, da sie von Slowenien und Kroatien verlangten, die Unabhängigkeitserklärungen für 3 Monate zurückzuziehen. Außerdem verlangten die Außenminister, dass der neue Präsident Stipe Mesic im Präsidium, der schon am 15.Mai antreten sollte, gewählt wird. Serbien stimmte unzufrieden zu, da die EG Serbiens Regierung versprach Jugoslawien zusammenzuhalten. Dies gab Serbien die Erlaubnis die JVA für den Zusammenbleib Jugoslawiens zu verwenden und somit konnten sie sich sofort ihrem eigentlichen Plan zuwenden.

Am selben Abend fuhren 180 Panzer aus Slowenien und aus Belgrad Richtung Kroatien und blieben kurz vor der Grenze stehen. Verteidigungsminister Kroatiens Martin Spegelj realisierte sofort den Ernst der Lage und bat Tudjman den Krieg gegen Serbien zu erklären. Trotz aller Bemühungen von Spegelj weigerte sich Tudjman, denn er hoffte auf internationale Anerkennung und keinen Krieg führen zu müssen. Der Verteidigungsminister trat zurück.

6 Ausbruch des Krieges

Während der Monate Juli und August 1991 brachten Martics Gruppen immer mehr Gebiete unter ihre Kontrolle und die JVA unterstützte jedes Mal die Rebellen. Immer mehr Kroaten wurden aus ihren Städten vertrieben und flüchteten ins Ausland oder an die Küste.

Die erste Stadt, die von den Serben komplett zerstört wurde, war Kijevo. Kijevo ist eine kleine kroatische Stadt, die jedoch mitten in der Krajina lag. Außerdem besaß die Stadt wichtige Verbindungsstraßen zwischen den serbisch kontrollierten Städten. Damit wurde sie zum

nächsten Ziel der Serben. Martic gab der Bevölkerung und der Polizei von Kijevo ein Ulti-
matum. Er drohte ihnen, sie sollten die Ortschaft verlassen oder sie werden angegriffen. Die
Kroaten weigerten sich, jedoch war die Nationalgarde, die aus ausgebildeten Polizisten bestand, der erfahrenen JVA nicht gewachsen und somit fiel Kijevo an die Serben. In Kijevo
blieb nicht ein Gebäude aufrecht. Es war die erste Stadt, die von Serben ethnisch gesäubert
wurde und sie sollte nicht die Letzte gewesen sein. An diesem Tag erklärte Kroatien den
Krieg für offiziell. Der Leiter der Säuberung war Martic, der mit vollem Stolz gesagt hatte,
er würde auch Zadar einnehmen. Die Kroaten jedoch schlugen zurück und konnten den weiteren Vormarsch der Serben in Gospic stoppen und somit Zadar vor der Belagerung schützen.
Martic bekam daraufhin Unterstützung vom neuen Truppenleiter Ratko Mladic der JVA in
Knin.

6.1 Friedensversuche Carringtons im September 1991

Der erste Plan den Jugoslawienkonflikt zu beenden, kam vom Engländer Lord Carrington.
Jedoch wurde dieser vom serbischen Präsidenten Milosevic prompt abgelehnt, denn er war
nicht bereit, die von den Rebellen eingenommen Gebiete in Kroatien abzugeben, den Rückzug zu befehlen und seine großserbischen Ziele aufzugeben.

„Serbien wollte [...] nicht nur jene Teile Kroatiens [...] annektieren, [...] Serbien wollte auch
als einziger legitimer Nachfolgestaat der alten Jugoslawischen Föderativen Republik anerkannt werden."[8]

Jedoch hatte Carrington einen zweiten Plan parat, welcher fast Frieden in Kroatien gebracht
und weitere Konflikte verhindert hätte. Dieser Plan versicherte jeder Nationalität außerhalb
ihrer Heimat in ganz Jugoslawien freie Rechte. Jeder Präsident der Republiken stimmte diesem Plan zu außer Milosevic, der den von Serben verhassten Albanern im Kosovo keine
Souveränität schenken wollte. Die Souveränität wurde den Albanern durch die Machtüber-
nahme von Milosevic entzogen. Außerdem stellte sich für den serbischen Präsidenten ein

---

[8] Silber, Laura/Little, Allan 1995: Bruderkrieg. Der Kampf um Titos Erbe,
2. Auflage, Graz; Wien; Köln : Verl. Styria, S.224

weiteres Problem dar, denn sein bisher gehorsame Kollege Bulatovic, Präsident Montenegros, unterstützte Milosevic bei der Abstimmung nicht und war mit dem Plan Carringtons vollkommen zufrieden. Jedoch wurden mit dieser Abstimmung, die vorher erwähnten Ziele von Milosevic zugrunde gemacht, denn ohne die Beteiligung mindestens zweier Republiken konnte kein neues Jugoslawien geschaffen werden. Die nächste Aufgabe Milosevics war somit politischen Druck auf Bulatovic auszuüben und in Montenegro überzeugende Propaganda leisten. Schlussendlich stimmte auch Bulatovic gegen den Friedensplan Carringtons, da er immer mehr Milosevics Drohungen ausgesetzt war. Dadurch scheiterte ein weiterer Friedensplan durch Serbien, welcher schlimmere Ereignisse verhindert hätte. Jedoch wurde mit diesen Verhandlungen ein Waffenembargo durch die EG für ganz Jugoslawien verhängt

6.2 Angriff auf die Hauptstadt

Am 7. Oktober 1991 kam es in der Hauptstadt Kroatiens Zagreb zu Angriffen durch die JVA und der serbischen Armee. Bei diesen Bombardements wurde der Sitz Tudjmans, in dem er sich zum Zeitpunkt des Angriffes befand, getroffen. Tudjmann selbst wurde nicht verletzt, jedoch wurde das Gebäude zerstört. Außerdem wurden Industriegebiete, in denen sich wichtige Fabriken befanden, von den Bomben getroffen und zerstört.

6.3 Massaker von Vukovar und Borovo Naselje

Vukovar ist eine Stadt im Osten Slawoniens, wo es zu immer mehr Spannungen zwischen der kroatischen und serbischen Bevölkerung kam. Nach den Zwischenfällen in Borovo Selo wurden in Vukovar fast täglich von der serbischen Seite Granaten abgeworfen, sowie Artillerie eingesetzt. Nachdem sich die Lage in Vukovar immer mehr verschlechterte, flüchtete und versteckte sich das Personal von Vukovars Krankenhaus mit großen Teilen der Bevölkerung, Verletzten und Soldaten im dortigen Keller. Die Serben kontrollierten bereits ein Drittel von Kroatien, auch diejenigen Gebiete, die keine serbische Mehrheit aufwiesen. Kroatiens Verteidigung war jedoch nicht stark genug, um es mit der JVA und den Serben aufzunehmen. Am 18. November 1991 wurde die kroatische Stadt Vukovar von Serben und der JVA eingenommen. Während den letzten Monaten hatten sich ungefähr 700 Verwundete zusammen in Bunkern und in Vukovars Krankenhauskeller versteckt und auf Hilfe gewartet. Die kroatischen und serbischen Einheiten vereinbarten einen Transport der Verbliebenen, bei dem das Rote Kreuz Hilfe leisten und beobachten sollte, ob alles mit rechten Dingen zugeht. Bevor das Rote Kreuz jedoch ankam, begannen Serben, die JVA und paramilitärische Tschetnik Gruppen Seseljs die Zivilisten aus dem Krankenhaus zu bringen. Die serbischen Truppen führten 400 Patienten in eine ehemalige Schweinefarm, wo anschließend 337 von ihnen ermordet wurden und in Massengräbern versteckt wurden. Viele von ihnen wurden bis heute nicht gefunden, da die Verantwortlichen sich weigern ein weiteres Massengrab zuzugeben. Auch im Nachbarort Borovo Naselje kam es zum Massaker. Hunderte Verteidiger und Zivilisten wurden dabei ermordet und ihre Leichen daraufhin in die Donau geworfen oder am Straßenrand von Trpinjska cesta gestapelt.

6.4 Angriff auf Dubrovnik und Osijek

Am 1. Oktober 1991 kam es in Dubrovnik zu Bombardements. Die JVA nahm dabei Routen durch Bosnien und brannte auf ihrem Weg nach Dubrovnik Dörfer nieder. Die rein kroatische Stadt Dubrovnik wurde unerwartet von Gruppen der Jugoslawischen Volksarmee getroffen und wies bei dem Angriff eine schwache Verteidigung auf, da man dort einen Angriff am wenigsten erwartete. Währenddessen versteckten sich die gefährdeten Touristen und die Nationalgarde in den jahrhundertealten Bunkern. Die JVA hatte Dubrovnik umzingelt und der General forderte den Rückzug aller kroatischen Truppen. Erst nachdem Bomben und Granaten Teile der Tourismusstadt zerstörten, schenkte man Kroatien die Aufmerksamkeit auf die die Regierung vorher vergeblich gewartet hat. Das Image der Jugoslawischen Volksarmee wurde durch die Aggressionen auf Dubrovnik massiv zerstört und zeigte jetzt auch international, dass man nicht versuchte Jugoslawien zusammenzuhalten. Nach sechs monatelangen Bombenangriffen in Dubrovnik einigten sich Tudjman und Cosic, der damalige Präsident

Jugoslawiens, im September 1992 auf einen Abzug der jugoslawischen Armee und Kroatien konnte Dubrovnik zurückgewinnen.

Auch in der viertgrößten Stadt Osijek, einer rein kroatischen Stadt, in Slawonien kam es zu Bombenangriffen der Jugoslawischen Volksarmee, bei denen hunderttausende Zivilisten ihre Heimat verlassen mussten und flüchteten. Die Bevölkerung Kroatiens und der Präsident waren von den Ereignissen in Osijek erschüttert und konnten in der Zeit zwischen den Gebietsverlusten eine Armee bilden. Somit gelang es der JVA, der serbischen Armee und radikalem Paramilitär nicht die Stadt zu besetzen, jedoch waren die umliegenden Vororte und Dörfer schon in die Hände der serbischen Rebellen gefallen.

6.5 Stationierung der UNO-Truppen in Kroatien

Nach den misslungenen Versuchen Carringtons in Jugoslawien Frieden zu schaffen, wurde der ehemalige Außenminister der USA Cyrus Vance mit dem beauftragt. Erst nach den vielen Massakern in Kroatien wurde die Anforderung Tudjmans für eine Stationierung von UNO-Truppen ernst genommen. In der Öffentlichkeit tat Milosevic so, als ob er gegen die Stationierung war. Jedoch würden die UNO-Truppen in serbische Gebiete stationiert werden, was für Milosevic große Vorteile brachte. Die JVA und die serbische Armee hatten ein Drittel Kroatiens eingenommen und durch die Stationierung der UNPROFOR-Truppen (United Nations Protection Force) waren die von den Serben eingenommenen Gebiete vor kroatischer Rückeroberung geschützt. Ein weiterer Grund für die Zustimmung Milosevics für die Stationierung war, dass Kroatien kurz vor der internationalen Anerkennung stand und somit als unabhängiger Staat gelten würde. Dadurch würden alle serbisch eingenommenen Gebiete wieder an Kroatien fallen. Die JVA und die serbische Armee würden als Eindringlinge in einem unabhängigen Land angesehen werden und somit auch als klarer Aggressor des gesamten Konflikts.

Abbildung 1 Die Stationierung der UNPROFOR-Truppen in den roten Gebieten

(https://upload.wikimedia.org/wikipedia/commons/5/51/Krajina.png)

Am 15. Jänner 1992 wurden Kroatien und auch Slowenien durch die Hilfe Deutschlands von der Europäischen Gemeinschaft anerkannt. Am 8. März 1992 begann die Stationierung der UNPROFOR, dabei wurden die 15.000 versandten Soldaten in vier Sektoren in Kroatien aufgeteilt. Durch die Stationierung musste die JVA und serbische Armee abziehen, sowie sollte die UNPROFOR den Waffenstillstand kontrollieren und erhalten. Jedoch blieb die JVA bis zum Ende des Krieges in den eroberten Gebieten stationiert.

7 Bosnisch-kroatischer Krieg

Auch in Bosnien Herzegowina entschied man sich für den demokratischen Weg, da die Staatsführung bei einem Verbleib in Jugoslawien befürchtete unter serbischer Herrschaft leiden zu müssen. Anschließend wurde im April Bosnien und Herzegowina von der Europäischen Gemeinschaft anerkannt. Im Land kam es zu immer mehr Auseinandersetzungen zwischen Serben und Bosniaken und Bosnien verlor in den ersten sechs Monaten Teile des Nordens, sowie den Osten und den Süden an die JVA und die paramilitärischen serbischen Truppen. Auch die Lage zwischen Kroaten und Bosniaken spitzte sich, vor allem in der Herzegowina, zu. Die Gründe für diese sinnlosen und unnötigen Auseinandersetzungen waren, dass erstens viele bosnische Offiziere beim Krieg gegen Kroatien für die JVA gekämpft haben, zweitens lehnte der serbisch-freundliche Innenminister Bosniens Delimustafic bereits 1991 den Wunsch Tudjmans ab, die bosnische Territorialverteidigung beim Kampf gegen Serbien einzusetzen und Kroatien beim Krieg zu helfen. Der dritte Grund für die bevorstehenden Gefechte war, dass es zu einem geheimen Treffen zwischen Tudjman und Milosevic im März 1991 kam, wo es um eine Aufteilung Bosnien Herzegowinas ging. Somit waren auch die Konflikte zwischen den angeblichen Freunden Kroatien und Bosnien vorprogrammiert. Bevor es jedoch zu dem Krieg zwischen Kroaten und Bosniaken kam, kämpften erneut Kroaten gegen Serben, aber dieses Mal in Bosnien. In der Stadt Mostar, die vom Fluss Neretva geteilt wird, kam es zu monatelangem Beschuss, wobei die Serben im Osten und die Kroaten im Westen kämpften. Im Juni 1992 konnte die HVO (Armee der Kroaten in Bosnien Herzegowina) die JVA und die bosnischen Serben aus Mostar vertreiben und die Stadt einnehmen. Jedoch lieferte die HVO keine Hilfe in Sarajewo, wo die Situation zu der Zeit am schlimmsten war. Deshalb hatten die Bosniaken immer mehr Misstrauen gegenüber den Kroaten und ihren Zielen. Deshalb kam es im Oktober 1992 in der Stadt Prozor zu den ersten offiziellen Gefechten. Die Folgen dieses Krieges waren verheerend, denn das Bündnis zwischen dem kroatischen und bosnischen Militär zerbrach und viele Orte Bosniens blieben ohne jeglichen Widerstand. Dies ermöglichte wiederum den Serben freien Einlass in viele bosnische Städte und große Gebietseroberungen. In diesen Monaten kam es in ganz Bosnien zu Vertreibungen und ethnischen Säuberungen an allen drei Volksgruppen. Als im Jahr 1992 der Winter im Land erwachte, blieb der Krieg aus.

Der bosnisch-kroatische Krieg setzte sich im darauffolgenden Jahr 1993 fort. Im April fand man das Massengrab von Ahmici, wo die HVO hundert Bosniaken ermordete. In Zenica und Travnik wurden alle HVO-Truppen von der ArBih (Armee der Republik Bosnien-Herzegowina) vertrieben. Nachdem die serbischen Einheiten im Jahr 1993 die bosnische Stadt Srebrenica einnahmen, begann die ArBih mit der Widerstandsbewegung, um die eroberten Gebiete zurückgewinnen. Während dieser Rückeroberung kam es in Grabovica und in Krizancevo Selo in der Herzegowina zu Massakern an der kroatischen Bevölkerung. Auch in Vares, einer kroatisch-bosnischen Stadt, mussten 10000 Kroaten flüchten, da die bosnische Armee Vares einnahm. Die bosnische Armee hatte mit dieser Operation wichtige Verbindungsstraßen zwischen Tuzla, Zenica und Travnik freigekämpft.

7.1 Vance-Owen Plan

Anfang 1993 fanden Friedensverhandlungen von Cyrus Vance und David Owen in Genf statt, welche den Bosnienkrieg stoppen sollten. Der Plan hatte die Aufteilung von Bosnien in zehn autonome Provinzen vorgesehen. Somit hätte jeder der drei Volksgruppen drei autonomen Provinzen bekommen. Zusätzlich wäre die Hauptstadt Sarajevo eine neutrale Provinz gewesen, da alle drei Volksgruppen dort zusammenlebten. Die Kroaten, sowie die Bosniaken nahmen den

Plan an. Die Verhandlungen scheiterten jedoch ein weiteres Mal, da die Serben ihre eroberten Gebiete in Bosnien nicht abgeben wollten. Die eroberten Gebiete der Serben in Bosnien betrugen 70 %.

7.2 Abkommen von Washington

Nachdem der Vance-Owen Plan nicht durchgeführt werden konnte, sahen sich Russland und die USA verpflichtet die Lage in Kroatien, aber vor allem in Bosnien zu lösen.

Die USA übte enormen Druck auf Kroatien und Bosnien aus. Es sollte eine bosnisch-kroatische Föderation entwickelt werden, da diese zwei Seiten am ehesten bereit waren sich zu einigen und Frieden untereinander zu schließen. Die Föderation sollte aus 10 Kantonen bestehen und die Hauptstadt sollte Sarajevo bilden. Somit konnten Kroaten und Bosniaken miteinander gegen die Serben kämpfen. Dieser Plan wurde im Jahr 1993 von den USA entwickelt und schien während den Kämpfen zwischen den beiden Seiten erfolglos. Die Bosniaken lehnten den Plan anfangs ab. Auch die Kroaten zeigten zu Beginn kein Interesse. Nachdem die USA jedoch mit Sanktionen drohte und ein Versprechen an Kroatien abgab, deren Grenzen zu schützen und aufrechtzuerhalten, gaben Bosnien Herzegowina und Kroatien nach und die Präsidenten Tudjman und Izetbegovic unterzeichneten den Plan im März 1994. Das Versprechen wurde aber nie in die Tat umgesetzt, denn der Schutz der kroatischen Grenzen war nie Ziel der USA gewesen. Das Abkommen von Washington war der erste Plan, welchen man erfolgreich durchführen konnte. Der Krieg zwischen Kroaten und Bosnier hatte aufgehört und im Jahr 1995 wurde mit den gemeinsamen militärischen Operationen der Erfolg des Abkommens bewiesen.

7.3 Plan der Kontaktgruppe

Infolge der Ereignisse in Washington wurde auch ein Plan für die bosnischen Serben entwickelt und vorgestellt. Die bosnischen Serben hatten in den letzten Jahren des Krieges bereits circa 70% Bosnien Herzegowinas erobert. Der Plan der Kontaktgruppe, USA, Russland, Deutschland, England und Frankreich, hatte vorgesehen, dass die Serben 20 % der eroberten Gebiete zurückgeben. Somit würde die bosnisch-kroatische Föderation 51 % Bosnien Herzegowinas erhalten und die bosnischen Serben 49 %. Jedoch weigerten sich die bosnischen Serben und ihr Anführer Radovan Karadzic diesen Plan anzunehmen.

Milosevic erkannte diesmal den Ernst der Lage und distanzierte sich von seinem Kollegen Karadzic. Damit wollte sich Milosevic ins gute Licht rücken und Abstand mit dem barbarischen Verhalten der Rebellen in Bosnien nehmen. Milosevic verurteilte die Vorgehensweise der bosnischen Serben und ihre Anführer jedoch nur in den Medien. Insgeheim unterstützte er weiter militärisch die bosnischen Serben. Auch die Lage in Kroatien war immer noch angespannt und ungelöst. Fast fünf Jahre nach der Eroberung der Krajina war diese immer noch in den Händen der serbischen Rebellen und der Westen hatte immer noch keine Intention dies zu ändern. „Der Waffenstillstand wurde zwar eingehalten, doch die langwierigen Verhandlungen führten zu keinem endgültigen Abkommen."[9] Während Kroatien die Wiedereingliederung der Krajina forderte, sahen die Serben die Krajina als eigenständigen Staat und somit liefen die Verhandlungen weiter.

---

[9] Monnesland, Svein 1997: Land ohne Wiederkehr. Ex-Jugoslawien: Die Wurzeln des Krieges, übersetzt v. Franz Marenits/Darko Cuden/Gabriela Brass-Reiter/Andreas P: Pittler, Klagenfurt, Celovec: Wieser Verlag, S.413

8 Militärische Operationen 1994

Die erste gemeinsame militärische Operation nach der Unterzeichnung des Abkommens von Washington zwischen der ArBih und HVO war die Operation „Cincar". Diese militärische Aktion dauerte drei Tage vom 1. November bis zum 3. November 1994 und bekam ihren Namen durch den Berg Cincar, welcher zwischen den Städten Kupres und Glamoc liegt. In dieser Offensive gelang es den Bosniaken und Kroaten das serbisch eroberte Gebiet Kupres zurückzugewinnen. Dieses Gebiet war seit 1991 von den bosnischen Serben und der JNA besetzt. Außerdem half die Aktion die serbische Offensive gegen die UN-Schutzzone Bihac zu schwächen und weitere militärische Operationen durchzuführen.

Eine weitere militärische Aktion im Jahr 1994 war die Operation „Zima"(=Winter), welche von der HVO und HV (Streitkräfte der Republik Kroatien) vom 29. November bis zum 24. Dezember 1994 durchgeführt wurde. In dieser konnten die Kroaten das Livanjsko-Feld im Westen Bosniens zurückerobern.

8.1 Z4-Plan

Im Jahr 1995 wurde der Z4-Plan, auch Zagreb 4-Plan, geschaffen. Dieser sollte den Kroatienkrieg beenden und hatte die Reintegration der Republik Serbische Krajina zu Kroatien vorgesehen. Dieser Plan wurde von der Kontaktgruppe USA, Russland, Deutschland und Frankreich entwickelt. Jedoch wurde diesem Projekt kein Interesse von den Serben geschenkt und abgelehnt. Der Anführer der Krajina Serben Milan Martic hatte immer noch großserbische Träume und wollte die Krajina mit Serbien vereinen. Da die Serben nach dutzenden Friedensplänen immer noch keinen Einzigen unterzeichneten, gaben die westlichen Staaten grünes Licht für eine selbstständige, militärische Operation der Kroaten, um die Krajina zurückzugewinnen.

8.2 Operation Blitz

Nach den erfolgreichen militärischen Operationen im Jahr 1994 wurden diese im Mai fort-gesetzt. Die Erste in diesem Jahr war die Operation „Bljesak" (=Blitz) am 1. Mai und 2. Mai 1995. Bei dieser Offensive wurden große Teile der Serbischen Krajina in Westslawonien zurückerobert. Diese Gebiete wurden zur Republik Kroatien integriert. Die Serben reagierten auf diese Militäroperationen mit einem Raketenbeschuss auf die Hauptstadt Zagreb am 2. und 3. Mai. Dabei wurde die Innenstadt befeuert und 7 Menschen kamen ums Leben und 213 wurden verletzt. Auch die Städte Karlovac und Sisak blieben von den Bombardements nicht verschonen.

8.3 Operation Sturm

Nach dem Fall der UN-Schutzzone Srebrenica und Zepa, dem dortigen Massaker und der immer angespannteren Lage in der Krajina, planten die Kroaten eine Offensive gegen die Serben. Auch die immer ernst werdende Lage in der UN-Schutzzone Bihac in Bosnien, die von serbischen Rebellen umzingelt war und erobert werden sollte, war ein weiterer Grund für diese Operation. Außerdem bat der General der ArBih Atif Dudakovic die Kroaten um Hilfe, da die Stadt Bihac in Westbosnien kurz vor dem Fall war. Diese militärische Operation „Oluja" (=Sturm) fand vom 4. bis 7. August 1995 statt und dauerte 84 Stunden. Mit dieser Offensive konnte die HV und die kroatischen Polizei die selbst ernannte Republik Serbische Krajina zurückerobern, welche ein Drittel Kroatiens ausmachte. Außerdem konnte mit der Operation Sturm die serbische Blockade von der UN-Schutzzone Bihac beendet und Schlim-meres verhindert werden.

8.4 Operation Maestral

Nach der erfolgreichen Operation Sturm planten die Präsidenten Tudjman und Izetbegovic eine gemeinsame militärische Operation gegen die bosnischen Serben, welche 70 % Bosnien Herzegowinas erobert hatten. Die Operation Maestral war die letzte Offensive gegen die Serben und fand vom 8. bis zum 17. September statt. Bei dieser Militäroperation gelang es den Bosniaken und Kroaten unter den Anführern Atif Dudakovic und Ante Gotovina gemeinsam das Territorium der Serben auf 47 % zu schrumpfen und wichtige Städte wie Jajce, Kljuc und Sanski Most zurückzuerobern. Schlussendlich wurde die Operation von der NATO gestoppt, da es den Armeen gelungen war bis zur größten Stadt der Serben in Bosnien Banja Luka vorzudringen und man Schlimmeres vermeiden wollte.

9 Abkommen von Erdut

Am 12. November 1995 kam es in Erdut, einer kroatischen Gemeinde, zu einem Vertrag. Nachdem die Kroaten fast die gesamte Republik Serbische Krajina mit der militärischen Operation Oluja zurückerobern konnten, wurde die friedliche Reintegration von Ostslawonien vereinbart, welche noch von serbischen Truppen besetzt war.

9.1 Abkommen von Dayton

Ende 1995 kam es in Paris zur Unterzeichnung vom Abkommen von Dayton. Dieses Abkommen ernannte Bosnien und Herzegowina und ihre Hauptstadt Sarajewo als eigenständigen Staat. Außerdem konnten die Serben mit 49 % Bosniens Herzegowina die Republika Srpska (=Serbische Republik) schaffen. 50 % des Gebietes erhielt die bosnisch-kroatische Föderation und 1 % bildete der Brcko-Distrikt, welcher bis heute selbstverwaltet wird.

10 Schluss

Eine wichtige Erkenntnis aus dieser Arbeit ist, dass zu viel Nationalismus keinem Menschen oder Volk zugute kommt. Milosevic nutzte den Patriotismus beziehungsweise Nationalismus Serbiens zu seinem Vorteil und wurde somit Präsident Serbiens und Hauptaggressor des Jugoslawienkriegs. Mit der Manipulation des eigenen Volkes und der Propaganda in den Medien konnte die Ikone Milosevic geboren werden. Großserbische Ziele forderten tausende Menschenleben und Auswanderungen. Auch mit der Ausnützung der Macht konnte Milosevic mit einer der stärksten Armeen damals handeln und als Invasionsarmee in andere Länder eindringen.

Jedoch nutzte nicht nur der Präsident Serbiens seine Macht aus, auch der kroatische Präsident Tudjman konnte mit den Ereignissen im Kosovo sein eigenes Volk in Angst versetzen und seinen eigenen Plan durchführen. Tudjman gelang es ein unabhängiges Kroatien zu schaffen, welches tausende Tote Soldaten und Zivilisten forderte. Zu diesem Preis hat Tudjman die Republik Kroatien geschaffen und wird heute noch als Held gesehen.

Nichtsdestotrotz ist Bosnien und Herzegowina der größte Verlierer des Krieges. Das Land ist gespalten und dreigeteilt. Bosnien und Herzegowina hatte die meisten Opfer gefordert und hatte keine Chance mit der entwickelten JNA mitzuhalten. Der Fall Srebrenicas, das Versagen der UNPROFOR Gruppen und das dortige Massaker sind Ereignisse, aus denen man lernen sollte, um diese in Zukunft zu verhindern.

Schlussendlich ist zu erwähnen, dass man vergeben kann, aber nicht vergessen. Denn die Vergangenheit kann man zwar nicht ändern, jedoch die Zukunft und diese sieht in Ländern Ex-Jugoslawiens nicht prickelnd aus. In allen Ländern nimmt die Arbeitslosigkeit zu, das Wirtschaftswachstum ist zu niedrig und die Abwanderung der Bevölkerung und der Jugend ist zu hoch. Auch der EU-Beitritt Kroatiens brachte außer dem Tourismus keine Vorteile. Deswegen sollte man sich fragen, ob es nicht besser sei positiv in die Zukunft zu blicken, als stur in der Vergangenheit zu leben.

Literaturverzeichnis

Monnesland, Svein (1997): *Land ohne Wiederkehr. Ex-Jugoslawien: Die Wurzeln des Krieges*, übersetzt v. Franz Marenits/Darko Cuden/Gabriela Brass-Reiter/Andreas P: Pittler, Klagenfurt, Celovec: Wieser Verlag

Oliver, Ian (2005): *War & Peace in the Balkans: The Diplomacy of conflict in the former Yugoslavia*, London, Salem Road: Verl. I.B. Tauris & Co Ltd

Ramet, Sabrina P. (2011): *Die drei Jugoslawien: Eine Geschichte der Staatsbildung und ihrer Probleme*, erw. u. korr. Aufl., übersetzt von Isabel Ströhle/Georg Seiderer/Konrad Clewing, München: R. Oldenbourg Verlag

Silber, Laura/Little, Allan (1995): *Bruderkrieg: Der Kampf um Titos Erbe*, 2. Auflage, Graz; Wien; Köln: Verl. Styria

Wehrschütz, Christian (2009): *Im Kreuzfeuer. Am Balkan zwischen Brüssel und Belgrad*, Wien; Graz; Klagenfurt: Verl. Molden

Abbildungsverzeichnis